JN418311

김삿갓문학상 수상작품집

삿갓에 맺힌 이슬

나남
nanam

나남시선 77

김삿갓문학상 수상작품집
삿갓에 맺힌 이슬

2010년 10월 8일 발행
2010년 10월 8일 1쇄

저자_ 이동순 · 이재무 · 이승훈 · 오세영 · 문효치
발행자_ 趙相浩
발행처_ (주) 나남
주소_ 413-756 경기도 파주시 교하읍
출판도시 518-4
전화_ (031) 955-4600 (代)
FAX_ (031) 955-4555
등록_ 제 1-71호(79. 5. 12)
홈페이지_ www.nanam.net
전자우편_ post@nanam.net

ISBN 978-89-300-1077-1
ISBN 978-89-300-1069-6 (세트)
책값은 뒤표지에 있습니다.

김삿갓문학상 수상작품집

삿갓에 맺힌 이슬

이동순 · 이재무 · 이승훈
오세영 · 문효치

축 사

김삿갓문학상 수상작품집 발간에 즈음하여

천혜의 비경을 간직한 동강 그리고 어머니의 품처럼 아늑함을 느끼게 하는 서강이 흐르는 아름다운 고장 영월에서 제 13회 김삿갓문화제를 10월 8일부터 3일간 개최합니다.

특히, 이번 행사를 맞이하여 제 1회부터 5회까지 김삿갓문학상을 수상하신 분들의 주옥같은 시를 모아 수상작품집을 발간하게 됨을 진심으로 축하드립니다.

난고(蘭皐) 김병연(金炳淵) 선생의 문학세계를 널리 알리고자 시작한 문학상이 우리나라 문학계를 대표하는 문학행사로 자리매김하게 된 것도 모두 시를 사랑하는 문학인들이 만들어낸 결실이 아닌가 합니다.

그리고 수상작품집 발간과 더불어 수상자 5인의 대표시를 새긴 시비 조각상이 김삿갓문학관 광장에 건립됩니다. 이 또한 난고 김병연 선생의 문학세계를 재조명하는 기회가 아닌가 합니다.

제 13회 김삿갓문화제를 맞이하여 5회까지 문학상을 수상하신

분들의 작품집 발간과 시비조각상 건립을 다시 한 번 축하드리며 지붕 없는 박물관, 창조도시 영월을 늘 기억하여 주시기 바랍니다. 감사합니다.

2010년 10월

영월군수　박 선 규

 발간사

난고 김삿갓문학상 수상작품집을 펴내면서

그동안 제5회까지 시행한 '난고 김삿갓문학상'의 수상작들을 모은 수상작품집 《삿갓에 맺힌 이슬》을 이제 펴내게 되었습니다. 이로써 이 상의 가치와 의미를 확인하는 계기가 되었으면 합니다.

이 상을 강원도 영월군에서 제정하고 시행해온 까닭을 먼저 밝히고자 합니다. 난고(蘭皐) 김병연(金炳淵: 1807. 3. 13~1863. 3. 29)의 태생지는 경기도 양주군이지만 난고의 조부 김익순의 홍경래난 투항 이후 여러 곡절을 겪으며 어머니는 그의 형과 그를 데리고 영월로 숨어들어와 살았습니다.

난고는 20세에 영월 동헌에서 실시한 과시에서 자신의 조부를 비판한 글로 장원을 하게 되었습니다. 그때 김익순이 자신의 조부라는 사실을 안 난고는 어머니와 형, 아내와 두 아들을 영월에 남겨두고 주유천하(周遊天下) 방랑길에 접어들었습니다.

난고는 하늘에 부끄럽고 조상에게 부끄러워 삿갓을 눌러쓰고 유리걸식하며 끊임없는 지점 이동으로 지점에 대해 풍자할 수가 있었습니다. 그는 그러므로 세상에서 이룰 수 있는 고리를 스스로 끊음으로써 세상에 대해 빚지지 않으려 했던 것입니다. 그가 남긴 숱한 시들이 다 힘이 있었던 것은 그런 빚지지 않은 데서 오는 결과라 할 수 있을 것입니다. 이런 연고가 영월 땅으로부터 비롯되고 그가 영월 땅에 묻힘으로써 연고의 대단원을 이룰 수 있었던 것입니다.

그리하여 김삿갓문화제나 관련 사업, 김삿갓문학상이 영월에서 시행되는 것입니다. 영월에서 시행되지만 그것은 조선팔도의 궤적으로, 늘 지점 이동으로 지점을 기리거나 풍자하거나 형상화하는 운동적 의미를 지니게 됩니다. 우리는 모두 김삿갓, 하면 가슴이 아리거나 막막한 들길 아아라히 흐르거나 생애를 채색하는 아프고도 아름다운 노을에 젖게 됩니다. 그런 정서, 그런 무너지지 않는 하나의 문화 앞에 서서 우리나라(조선 팔도)에서 노래하는 시인들의 시를 그 정서로 불러 모으고자 하는 것입니다.

5회까지의 수상자는 이동순(1회, 2001), 이재무(2회, 2002), 이승훈(3회, 2007), 오세영(4회, 2008), 문효치(5회, 2009) 시인인데 1960년대 시인들과 1970년대, 1980년대 시인들이 섞여 있습니다. 그것은 1, 2회 운영위원회와 3, 4, 5회 운영위원회의 시상 기준과 원칙이 약간씩의 차이가 나는 데 그 까닭이 있습니다. 그러나 그 어떤 경우든 김삿갓 시학이 갖고 있는 풍자와 해학, 유랑과 자연이라는 액자를 놓고 그 변용의 다양성을 수렴해오는 데 최선을 다하고자 한 것이 사실입니다.

부디, 이 나라 시를 사랑하는 모든 이들이 이 수상시집을 사랑해 주시고 널리 읽히도록 소개해 주시면서 아울러 난고 김삿갓 시인의 시편들로 가는 징검다리로 삼아 주시길 바랍니다. 이 시집 때문에 행복해지시길 바랍니다.

2010년 10월

난고 김삿갓문학상 공동운영위원장 강 희 근

© 최경모

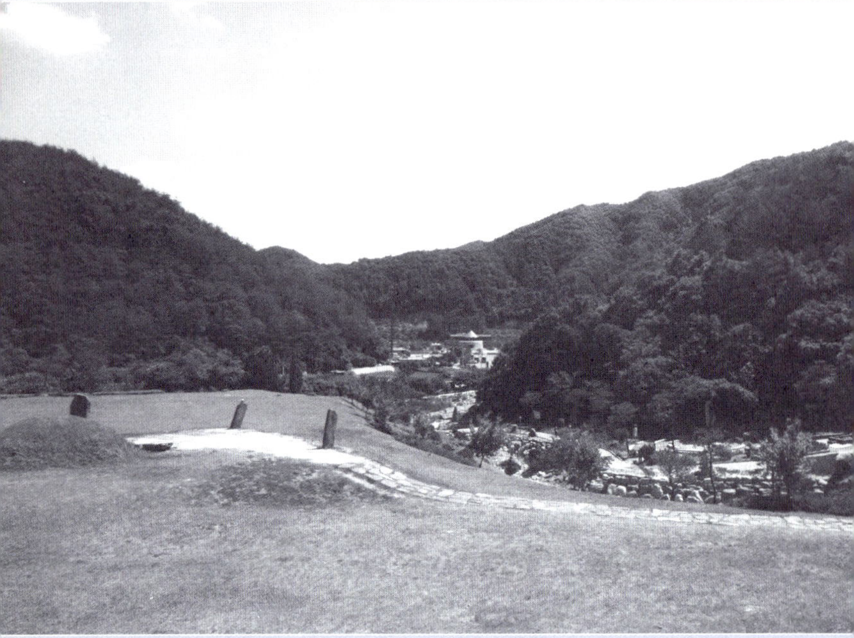

강원도 영월군 김삿갓면 와석리 노루목에 위치한 김삿갓 묘역

© 강석희

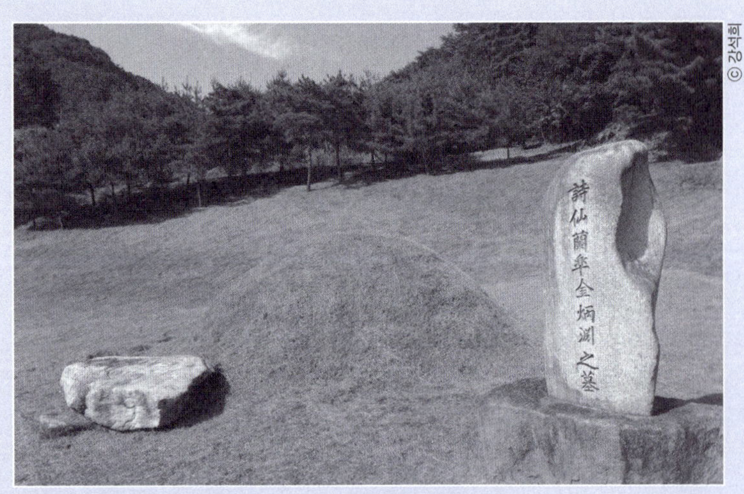

김삿갓 묘. 전국을 방랑하던 김삿갓은 1863년 57세를 일기로 전라남도 화순에서 별세하여 마을 동편 산록에 안장되었는데, 3년 후 차남 익균이 지금의 묘로 이장했다. 1982년 영월의 향토사학자 정암 박영국 선생의 노력으로 처음으로 발견되었다.

ⓒ 강석희

김삿갓 묘역 부근에 조성된
난고 김삿갓문학관과 김삿갓 동상

ⓒ 강석희

겨울 소나무 외로운 주막에
한가롭게 누웠으니 별세상 사람일세
산골짝 가까이 구름과 같이 노닐고
개울가에서 산새와 이웃하네
하찮은 세상일로 어찌 내 뜻을 거칠게 하랴
시와 술로써 내 꿈을 즐겁게 하리라
달이 뜨면 옛 생각도 하며
유유히 단꿈을 자주 꾸리라

김삿갓 유적지에 있는 김삿갓 시비

© 최경모

김삿갓면 와석리의 김삿갓 유적지. 시비와 문학의 거리가 조성되어 있으며, 김삿갓의 묘와 생가가 있다.

© 최경모

난고 김삿갓문학관 전경. 난고 김삿갓문학관은 강원도 시책사업인 "강원의 얼 선양사업"의 하나로 2003년 10월 개관했다. 김삿갓 선생의 생애와 문학세계를 한눈에 볼 수 있는 곳으로, 매년 수많은 관광객이 찾아 그의 정신을 기리고 있다.

ⓒ최경모

난고 김삿갓문학관 난고 문학실

ⓒ강석희

난고 김삿갓문학관에 소장된 정암 박영국 선생 기증 유물

ⓒ강석희

난고 김삿갓문학관 기획전시실

김삿갓문학상 수상작품집

삿갓에 맺힌 이슬

차 례

제 2 회 (2002) 이재무

제 3 회 (2007) 이승훈

제 4 회(2008) 오세영 

제 5 회 (2009) 문효치 

1회
(2001)

이동순

호박잎

명태

묵호 장날

물망치

신발

수상소감 | 이동순

심사평 | 신경림(시인)

심사평 | 김재홍(문학평론가·경희대 국문과 교수)

제 1 회 김삿갓문학상 수상자 이동순(왼쪽 끝)

이동순

1950년 경북 김천 출생. 경북대 국어국문학과 및 동 대학원 졸업. 1973년 〈동아일보〉 신춘문예에 〈마왕의 잠〉이 당선되어 등단. 주로 민중들의 삶의 애환과 일상에 대한 체험을 시로 표현함. 시집으로는 《개밥풀》, 《그 바보들은 더욱 바보가 되어 간다》, 《봄의 설법》, 《가시연꽃》, 《기차는 달린다》, 《아름다운 순간》, 《그대가 별이라면》, 《마음의 사막》, 《발견의 기쁨》 등이 있으며, 평론집으로 민족시의 시대정신을 분석한 《민족시의 정신사》 등이 있음. 현재 영남대 국문과 교수.

호박잎

가난한 밥상 위에서
쓸쓸하게 차려내는 판잣집 아침 식사
무슨 별것인가 했더니
호박잎이네

똥개네 아부지
피어나지 못한 삶처럼
여기저기 담장 밑 둘레 아무 곳에나
힘겹게 제멋대로 돌아서
사립문 곁으로 기운차게 뻗어가는 한여름 아침

신새벽부터
부지런히 길어다 물 부어주니
여기도 탱글 저기도 탱글 청보석처럼 빛나는 호박
아름다워라 사랑이여
상 위에 올라 드디어 자태를 뽐내는
한여름의 청춘이여

가난한 밥상머리에
똥개네 온가족 둘러앉아
구수한 된장에 푹 담갔다가
도란도란 이야기꽃 피워가며 한 장씩 쌈 싸먹는
감격의 호박잎이여

명 태

돌담 틈으로
바람 들어오는 소리
추적추적 비 내리는 소리
한쪽 다리를 절면서
힘겹게 걸어오시던 날품팔이 아부지
발자국 소리

이런 저녁
꼭 상에 오르던 곤이 명란은
덕장에서 종일 지게 짐 지고 울 아부지
품값으로 받아오신 찬거리
어두컴컴한 부엌에선 엄마 혼자서
가마솥에 명태 몇 마리 넣고 고춧가루 슬슬 뿌려
간 맞추고 파 송송 썰어 넣으면
서럽게 우러나던 국물

밥상머리에 둘러앉아
말없이 숟가락만 움직이던 식구들
평생 노동으로 구부정한 아부지 등은
점점 낙타를 닮아 가는데
그것이 애가 타서 석탄가루 덮인 항구 쪽 내려다보면
두 눈에 그렁그렁 맺혀오던
더운 눈물방울

묵호 장날

파릇파릇 새싹이 돋네
엄마 발걸음 서둘러 묵호 장 가시네

안주인 없는 빈집엔
강아지도 구름 보고 짖다 잠잠하고
처마 밑 툇마루엔 하루 종일 심심한 바람만 드나드네

긴긴 하루해는 뉘엿뉘엿
저물어 가는데 엄마 돌아오시는 소리 들리지 않네
내 귀는 온통 대문 앞에만 가 있네

엄마 혼자 무겁게 들고 오실
장바구니가 눈에 선하게 떠오르네
냉이 한 줌 두부 한 개
방개떡 한 봉지

아, 종이로 감싼 고등어 옆에
고운 분홍색 운동화도 한 켤레 보이네
그토록 빈속을 훑어 내리던
허기는 어디로 갔나

개 짖는 소리 들리고 대문 앞으로는
그리운 우리 엄마 터벅터벅
들어오시네

물망치

슬하에
자식 하나 없이
안 묵호에서 생선 팔던 우리 고모
시장 좌판에 곤지랑 횟대기랑 물망치 늘어놓고
날마다 깡통에 피워놓은
모닥불 쬐셨지

팔다 남은 생선
머리에 이고 돌아오는 산젯골 언덕
첫눈 나리는 저녁이면
희뿌연 전등 밑 밥상 위로 슬그머니 올라오던
못생긴 녀석 있었지
초고추장 풀고 수제비 떠넣어 끓이면
육남매 자식들 모두 둘러앉아
후후 불며 먹던 물망치

모진 세월 속에서
정수랑 고모네집 아이들은
키가 쑥쑥 자라 어른이 되었는데
먼 도시로 나가 살며 소식 끊긴 지 오래인데
안 묵호 시장 좌판
판자때기 위에 누워있던 물망치도
옛날과 다름없는데
우리 고모는 간곳이 없구나

신발

아침 햇살
창호지 뚫고 들어오는데도
학수 아부지는 뜰에 신발 벗어놓고
그 옆에 앉아 하늘만 보네

안주인은
미역 손질하러 가고 없고
빈집에서 혼자 정신이 오락가락하는
학수 아부지

흙 담장 위에
다 헤진 신발 올려놓고
눈을 떼지 못하는 학수 아부지
신발귀신이 든 것일까

식민지시절
일본 북해도 탄광에 끌려갔다가
머리를 맞아서 실성해져버린 불쌍한 양반
그 신발에 무슨 사연 들어있나

어느 비 오는 날
철둑 가에 신발 가지런히 벗어놓고
학수 아부지는
기어이 먼 길 떠나셨지

슬픔의 힘으로 일으켜 세운 풍자정신

난고(蘭皐) 김병연(金炳淵: 1807~1863) 선생의 생애는 참으로 고단하였습니다. 하지만 그 파란 속에서도 끝내 굴종과 부자유를 거부하고 살아간 그분의 신념을 다시 생각해 봅니다. 어쩌면 그 신념이 처음에는 단지 결연한 태도로 비롯되었을 터이나, 차츰 세월이 흐르면서 하나의 기질로 굳어졌을 것이라 여겨집니다. 그분이 사셨던 19세기는 어둠의 세기였고, 한반도를 둘러싸고 본격적인 비극이 전개되던 시기였습니다. 각성과 긴장의 정신을 가진 선각적 지식인이 별로 없던 시절, 난고 선생은 자신의 신분과 관련된 삶을 통하여 사회적 모순과 부조리에 대한 절절한 자각을 가질 수 있었습니다. 더불어 뜨거운 자각을 안으로 품고 세상 속을 바람처럼 표표히 방랑해 다니며 몸으로 직접 자신의 뜻을 실천했던 것입니다.

역설적으로 보자면 난고 선생의 훌륭한 문학 세계가 이룩될 수 있었던 가장 확실한 바탕은 그분의 지극히 슬프고도 불우했던 가정환경 덕분이 아니었던가 합니다. 선생은 〈자탄〉(自嘆)이란 시의 첫대목에서 이렇게 탄식하고 있습니다.

슬프구나 세상사람들아.
내 평생을 아는 자 그 누구인가?

세칭 '김삿갓'으로 불려온 그분의 존재는 누구나 알고 있었다 하더라도 그분이 가슴속에 품었던 진정한 속뜻을 헤아리고자 하는 사람은 없었습니다. 그분이 살았던 이 땅에서조차 시작품의 진정한 가치에 주목하지 않았고, 오히려 러시아를 비롯한 타국 사람들이 난고 선생의 문학에 애착을 느끼며 더욱 진지하게 고찰 연구해왔던 사실이 그간의 적막했던 사정을 말해 줍니다. 그때로부터 물경 한 세기가 굉음을 울리며 지나가고 새로운 세기가 개막이 되었건만 난고 선생이 겪었던 당시의 온갖 부조리와 모순들은 다만 꼴을 달리한 채 지금 이 시간에도 고스란히 우리 주위에 살아 있습니다.

난고 선생의 가파른 생애를 생각하면서 또 한 가지 떠오르는 중요한 대목은 그분이 조선왕조 말기의 뛰어난 민족적 서정시인이면서 동시에 매우 비범했던 풍자시인이었다는 사실입니다. 온갖 모순들로 가득 차 있었던 봉건체제를 배경으로 억압받던 민중의 가슴과 목소리를 그대로 대변하였던 시인이 바로 그분입니다. 양반 귀족들의 전유물이었던 상투적인 문학 형식에 반발하고, 그 따분한 틀을 과감하게 파괴하는 놀라운 변혁의 실험을 감행했던 것입니다. 비록 한문 표현으로 이루어진 문장이었지만 거기에는 민요의 가락과 국문의 운율을 적극적으로 반영한 시작 실험이나 기술

상의 변화를 꿈꾸는 작품도 있었습니다. 난고 선생의 이 모든 작품들은 대개 쉽고 평이한 문장으로 엮어졌기 때문에 당시 민중들의 열렬한 지지와 갈채를 받았던 것입니다.

지난 1950년대 초반, 정현웅 화백의 장정으로 출간된 《김립시집》(金笠詩集)의 외양은 이미 누렇게 빛바랜 골동이 되고 있습니다. 어느 날 저는 이 책의 갈피를 침 발라 한 장 한 장 넘겨가며 읽어가다가 너무도 아름답고 눈물겨운 한 편의 시를 발견하였습니다. 그것은 눈 내린 날의 산천 풍경을 보고 쓴 시작품이었지요.

天皇이 붕하셨느냐? 人皇이 붕하셨느냐?
온 산과 수풀이 모두 하얀 소복을 입었구나.

날이 밝아 저 태양이 와서 조문할 때
집집마다 처마 끝에선 눈물이 뚝뚝 떨어지리라.

이 작품의 형성 기반도 사실은 난고 선생의 그 지극한 슬픔의 뿌리에서 싹이 트고 솟아오른 절창이 아닌가 합니다. 선생의 작품세계에 등장하는 인물들은 주로 가난한 서민들입니다. 게으른 여인과 잠꾸러기 여인을 나무라기도 하고, 방물장수 노파를 그림처럼 묘사하기도 합니다. 불쌍한 걸인의 주검도 그냥 지나치질 않습니다. 너무도 가난하여 외출 시에 서로 옷을 바꿔 입는 아비와 아들을 그린 작품도 있습니다. 빈면에 그들을 지배하고 억압하는 양반층에 대한 비판과 풍자에는 차디찬 서릿발마저 느껴집니다.

사물과 현실을 바라보는 따뜻하고 눈물겨운 시정신이야말로 아무리 세월이 흘러도 결코 바뀌지 않을 시인의 문학적 자질일 것입니다. 이런 정신을 후대의 시인 백석(白石)이 고스란히 이어받아 작고 가련하고 보잘것없는 사물과 존재에 대한 무한한 연민과 애착을 쏟아 부어서 진정한 슬픔의 문학으로 되살려낸 것이 아닐까요. 메마르고 비정하고 인간성이 느껴지지 않는 요즘의 문학이 참으로 본받아야 할 정신적 전통과 그 근원을 저는 난고 선생의 문학에서 발견합니다. 난고 선생의 문학에 나타난 이러한 민족정신과 민중정신이야말로 오늘날 우리 문학이 겪고 있는 잘디잔 개체화, 덧없는 소모품화, 그리고 이로 말미암은 총체적이고도 집단적인 자기해체 현상 따위의 제반 위기를 극복할 수 있는 가장 커다란 힘과 지혜가 아닌가 헤아려 봅니다.

난고 선생의 고단했던 생애는 비록 저 멀리 호남 땅 동복에서 마감을 이루셨으나, 이제 선생의 유택은 이곳 강원도 영월 땅 동강기슭에 계십니다. 영월은 우리나라에서 가장 아름답고 정갈한 명승지의 하나입니다. 최근 동강과 관련된 문제는 우리들 삶의 모든 것과 결부되어 생태적 인식의 중요한 상징성을 일깨워주고 있습니다. 동강이 비록 수몰의 위기에서는 벗어났다고 하나 이후 동강의 관리 문제, 나아가서 우리 한반도 주민들의 삶의 질과 총체적 관리 문제는 자본의 전지구화, 상업주의의 만연, 인간성 상실, 환경오염과 그로 인한 생태구조의 극심한 파괴, 무한소비와 향락 위주의 덧없는 시간 속에서 분명히 새로운 위기를 창출하고 있는 듯합니다. 이제 선생께서는 오늘의 우리 문학이 직면하고 있는 제반 현실적 위기에 대하여 여러 가지 충고와 경종의 말씀들을 시작품을 통해 지금 이 시간에도 구체적으로 보내주고 계십니다. 우리는 난고 선생의 문학에서 들려오는 이 묵언(默言)의 소리에 귀 기울여야 합니다.

저는 영광스러운 난고문학상의 제1회 수상자로서 모름지기 후대의 시인에게 주어진 책임과 정신적 과제가 무엇인지를 깨닫고, 항시 자기점검과 자기갱신을 향하여 성실히 노력하는 시인의 삶을 살아가고자 합니다. 감사합니다.

심사평

예심을 거쳐 올라온 시 중 세 시인의 시는 어떤 시가 수상을 해도 좋을 만큼 눈에 띄는 작품들이었다. 그 중에서 이동순의 시 〈별의 생애〉 등을 수상작으로 뽑은 것은 이 정도면 우리 시의 수준을 한 단계 높여 놓는 작품으로 보아 충분하다고 생각되었기 때문이다.

우선 이동순의 시는 아름답고 따뜻하다. 물론 아름답고 따뜻한 것은 우리 시에 그리 드문 것이 아니며 전혀 낯선 것도 아니다. 하지만 그것이 하루아침에 이루어지지 않았다는 점이 행간에서 읽혀지게 하는 데서 그의 시의 재미는 시작된다. 말하자면 그 아름다움과 따뜻함의 바닥에는 온갖 갈등과 슬픔과 혼돈의 상처가 음각되어 있다는 얘기다. 그의 시의 몸짓이 작고 목소리가 낮은 것도 큰 몸짓, 높은 목소리를 지나서이거나 그것의 헛됨을 깨달은 뒤라서라는 증좌도 여러 군데서 찾아진다. 가령 "자욱한 눈보라 속으로 터벅터벅 걸어가서 / 영영 돌아오지 않는 / 저 북극 에스키모 노인처럼"(〈별의 생애〉)나 "이제 나는 죽순처럼 쫑긋 솟아오른 두 귀 / 아침 이슬처럼 반짝이는 눈망울로 응답해줄 수 없네"(〈아름다운 우주〉) 같은 표현이 그 예이다. 이와 같은 아름다움이나 따뜻함도 이미 다른 시인에 의해서 많은 부분 이루어져 있는 것은 사실이지만, 이동순에 있어

이것이 한결 성숙된 형태로 나타나고 있다는 점이 간과되어서는 안될 것 같다.

이 상은 난고 문학정신을 기리는 데 목적이 있는 만큼 난고문학의 근간이라 할 해학, 풍자 또는 대중성을 완전히 무시하고 수상작을 결정할 수 없다는 의견도 심사자들 사이에 있었다. 그러나 풍자나 해학에 해당하는 내용을 가진 시는 전혀 없었다. 결국 천박한 것이 아닌, 적어도 읽힌다는 뜻의 대중성이 중요시되지 않을 수 없었는데, 이동순의 시와 끝까지 겨룬 다른 두 시인의 시들은 이 점에서 이동순의 시보다 낮은 점수를 받았다는 점도 밝혀 둔다.

신경림(詩人)

심사평

예심을 거쳐 본심에 올라온 시인 가운데 나는 오태환, 함성호, 서규정, 그리고 이동순 씨의 작품들을 최종심에 천거하였다. 심사위원 세 사람이 얼마간의 논의 끝에 함성호와 이동순 두 사람의 시가 최종논의 대상이 되었다. 나는 이동순의 시 〈반딧불이〉 등을 수상작으로 밀었다.

그 까닭은 첫째, 상의 주최측인 영월군과 동강문학의 취지가 생태문학 또는 생명공동체의 정신을 지향하는 것으로 여겨졌고 이에는 이동순의 시가 더 부합되는 것으로 판단했기 때문이다.

둘째, 상의 명칭인 난고문학상, 즉 김삿갓의 문학정신이 민중적인 친화력 또는 대중적인 설득력에 뿌리를 두고 있는 것이기에, 여기에도 함성호의 다소 난해한 시보다는 이동순의 따뜻하면서도 은근한 비판정신이 스며들어 있는 시가 바람직한 것으로 판단했기 때문이다.

셋째, 제1회 수상인 만큼 30년 가까이 검증돼 왔고 연배로서도 50대 초인 이동순 씨가 아직 미지수인 함성호 씨보다는 더 바람직하다고 생각했기 때문이다. 함성호 씨도 역량 있는 분이지만 문단연조나 활동경력으로 보아 얼마든지 다음 기회가 주어질 것으로 여겨졌다는 뜻이다.

그렇지만 심사위원 한 분의 강력한 주장으로 결론은 쉽

게 나지 않았다. 그런저런 논란이 이어졌지만 끝내 만장일치는 되지 않고 2 대 1로 이동순 씨가 수상자로 결정되는 난산을 겪었다.

이동순 씨는 1973년 〈동아일보〉 신춘문예로 등단한 이래 격조 있는 서정성을 바탕으로 하면서도 시대정신과 시인정신의 결곡함을 삼투시킴으로써 지속적으로 좋은 시, 바람직한 시를 써온 분으로 정평이 난 사람이다. 특히 이번 수상작인 〈반딧불이〉, 〈불티〉 등은 생명과 그를 둘러싼 환경의 문제를 다루면서도 그것을 따뜻한 슬픔과 인간애, 생명애로 고양시키는 한 전범을 보여준 것으로 이해된다. 평범한 시어와 비유, 상징으로 인간과 그를 둘러싼 생명공동체, 지구공동체의 아픔과 슬픔, 사랑과 고독의 문제를 풀어내는 시인의 솜씨와 시정신은 충분히 상찬할 만하다고 생각된다. 더욱 정진하여 대가로서 발전해가기를 기원하며, 응모한 여러분에게도 격려의 박수를 보낸다.

김재홍(문학평론가 · 경희대 국문과 교수)

2 회
(2002)

이재무

팽나무 • 보리
감나무 • 신도림역 • 봄 참나무
위대한 식사 • 팽나무가 쓰러, 지셨다
상처 • 물 속의 돌 • 깊은 눈
푸른 늑대를 찾아서 • 갈퀴
국수 • 좋겠다, 마량에 가면 • 묵 이야기

제 2 회 김삿갓문학상 수상자 이재무(오른쪽)

이 재 무

1958년 충남 부여 출생. 한남대 국어국문학과 졸업. 동국대 국어국문학과 석사과정 수료. 〈삶의 문학〉, 〈실천문학〉, 〈문학과사회〉 등에 시를 발표하며 등단. 시집으로는 《섣달 그믐》, 《온다던 사람 오지 않고》, 《벌초》, 《몸에 피는 꽃》, 《시간의 그물》, 《위대한 식사》, 《저녁 6시》, 《오래된 농담》 등이 있으며, 산문집 《생의 변방에서》, 공저 《우리 시대의 시인 신경림을 찾아서》, 편저 《대표시, 대표평론》이 있음. 윤동주상, 편운문학상 우수상 수상.

팽나무

어릴 적 아부지의 회초리 되어
공부나 심부름에 게으른 날엔
종아리 파랗게 아프게 하고

식전부터 일 나가신 엄니 아부지
기다리다 지치는 날엔
동무보다 재미있는 장난감 되어
하루해전 무료 달래어주던

나의 선생 나의 누이인 나무

지금도 안부 챙기러 고향 갈 적에
반쯤 허리 숙인 채
죽은 엄니 살았을 적 손길로
등 두드리는

이 세상 가장 인자한 어른

기쁠 때 쏟은 한 말의 웃음
설울 때 쏟은 한 가마 눈물
뿌리로 가지로 쑥쑥 자라는

우리 동네 제일로 오래된 나무

보리

보리밭 속에 들어가
보리와 함께 서본 사람은
알리라 바람의 속도와
비의 깊이를.
보리밭 속에 들어가
보리와 함께 흔들리며
일생을 살아가는
사람은 정확히 알리라
세상 옳게 이기는 길
그것은 바로
바르게 서서 푸르게 생을 사는
자세에 있다는 것을.

봄 참나무

보는가, 단단한 껍질 속 웅크린
화약 같은 푸른 욕망을
어느 날 다순 햇살 다녀가서
일순 폭발하는,
저 강렬한 순녹의 빛다발
몸 안의 모오든 실핏줄
팽팽히 당겨지는 내연의 숨 가쁨
아는가, 참나무는 죽어서도
왜 숯이 되는가를

위대한 식사

산그늘 두꺼워지고 흙 묻은 연장들
허청에 함부로 널브러지고
마당가 매캐한 모깃불 피어오르는
다 늦은 저녁 멍석 위 둥근 밥상
식구들 말없는, 분주한 수저질
뜨거운 우렁된장 속으로 겁 없이
뛰어드는 밤새 울음,
물김치 속으로 비계처럼 둥둥
별 몇 점 떠 있고 냉수 사발 속으로
아, 새까맣게 몰려오는 풀벌레 울음
베어 문 풋고추의 독한,
까닭 모를 설움으로
능선처럼 불룩해진 배
트림 몇 번으로 꺼트리며 사립 나서면
태지봉 옆구리를 헉헉,
숨이 가쁜 듯 비틀대는
농주에 취한 달의 거친 숨소리
아, 그날의 위대했던 반찬들이여

팽나무가 쓰러, 지셨다

우리 마을의 제일 오래된 어른 쓰러지셨다
고집스럽게 생가 지켜주던 이 입적하셨다
단 한 장의 수의, 만장, 서러운 곡도 없이
불로 가시고 흙으로 돌아, 가시었다
잘 늙는 일이 결국 비우는 일이라는 것을
내부의 텅 빈 몸으로 보여주시던 당신
당신의 그늘 안에서 나는 하모니카를 불었고
이웃마을 숙이를 기다렸다
당신의 그늘 속으로 아이스께끼 장수가 다녀갔고
방물장수가 다녀갔다 당신의 그늘 속으로
부은 발등이 들어와 오래 머물다 갔다
우리 마을의 제일 두꺼운 그늘이 사라졌다
내 생애의 한 토막이 그렇게 부러졌다

상처

참, 나무가 앓고 있다
신음도 없이 표정도 없이
참나무의 허리
그의 몸, 저 깊은 곳으로부터
진물이 흐르고 있다

진물이 먹여 살리던 식구들을 기억한다
가장의 진액은 그러므로 울음이 아니다
식량이다

나무도 상처가 아물 때
가려움을 느낄까
가려워서 마구 잎을 피우고
가지 흔들어댈까

상처 없이 미끈한 나무가 떨군 열매 믿을 수 없다
가려워서 어디든 몸을 문대고 비비고 싶은
생의 상처여,
낫지 말아라
몸 속의 너를 보낼 수 없다
상처는 기억이고 반성이고 부활이다

물 속의 돌

동글동글한 돌 하나 꺼내 들여다본다
물속에서는 단색이더니 햇빛에 비추어보니
여러 빛 온몸에 두르고 있다
이리 보고 저리 보아도
동글납작한 것이 두루두루 원만한 인상이다
젊은 날 나는 이웃의 선의,
반짝이는 것들을 믿지 않았으며
모난 상(相)에 정이 더 가서 애착을 부리곤 했다
처음부터 둥근 상(像)이 어디 흔턴가
각진 성정 다스려오는 동안
그가 울었을 어둠 속 눈물 헤아려본다
돌 안에는 우리가 모르는 물의 깊이가 새겨져 있을 것이다
얼마나 많은 물이 그를 다녀갔을 것인가
단단한 돌은 물이 만든 것이다
돌을 만나 물이 소리를 내고
물을 만나 돌은 제 설움을 크게 울었을 것이다
단호하나 구족한 돌 물속에 도로 내려놓으며
신발 끈 고쳐 맨다

깊은 눈

마을회관 한구석 고물상 기다리며
한 마리 늙고 지친 짐승처럼 쭈그려 앉은,
흙에서 멀어진 적막과 폐허를 본다
젊어 한때 쟁기가 되어 수만 평의 논 갈아엎을 때마다
무논 젖은 흙들은 찰랑찰랑 얼마나
진저리치며 환희에 들떠 바르르 떨어댔던가
흙에 생 담가야 더욱 빛나던 몸 아니었던가
논일 끝나면 밭일, 밭일 끝나면
읍내 장터에, 잔칫집에, 떡방앗간에, 예식장에, 초상집에,
공판장에, 면사무소에, 군청에, 시위 현장에
부르는 곳이면 가서 제 할 도리 다해온 그였다
눈 많이 내렸던 그해 겨울밤은 만취한 주인 싣고 오다가
멀쩡한 다리 치받고 개울에 빠져 저세상으로 먼저 보내고
저 또한 팔다리 빠지고 어깨와 허리 크게 상하기도 했던
돌아보면 파란만상한 노동의, 그 오랜 시간을

에누리 없이 오체투지로 살아온 그가 오늘은
바람이 저를 다녀갈 때마다
저렇듯 무력하게 검붉은 살비듬이나 쏟아내고 있는
것이다
생각해보면 몸의 기관들 거듭 갈아 끼우며
겨우 오늘에까지 연명해온 목숨 아닌가
올봄 마지막으로 그가 갈아 만든 논에
실하게 뿌리 내린 벼이삭들 달디단 가을 볕
쭉쭉 빨아 마시며 불어오는 바람 출렁, 그네 타는데
때 늦게 찾아온 불안한 안식에 좌불안석인 그를
하늘의 깊은 눈이 내려다보고 있다

푸른 늑대를 찾아서

생전 언젠가는 찾아갈 거야, 푸른 고독
광도 높은 별들 따로 떨어져 으스스 춥고
쩡쩡 우는 한겨울 백지의 광야
방랑과 유목의 부족 찾아갈 거야 처음 그들은
낯선 이방인 두려운 적의로 맞겠지만
청동 빛 근육에서 동족의, 굽이치는 피의 유전과
마음의 시장기 무청처럼 퍼런 얼굴에서 읽어내고는
네 발 달린 짐승 하나 불쑥 적선하겠지
난 날짐승을 더 선호하는 편이지만 주인의 배려
예 갖추어 달게 삼키고 언 강 깨어 입 축이고
그새 허물없어진 그들과 나란히 식구로 서서
컹, 컹, 컹, 산과 하늘 한 번 크게 들었다 놓고
깊고도 서늘한 눈빛, 길 세워 다투듯 거침없이
무인지경 내달릴 거야 가도 가도 끝없는 광대무변
더 이상 달릴 수 없을 때까지.
초원에서는 더러 행위와 동기가 한 몸이라서
더운 피가 시키는 대로 달리는 것뿐
딴 뜻 있어 달리는 것은 아니지
추상이나 개념만으로 세계를 읽을 순 없지

달리고 또 달리다 보면 맨발에 달라붙는 진흙 같은
잡념 따위 바람 앞에 검불로 흩어지고 걸핏하면 찾아와
몸과 마음 물어뜯던, 까닭 없고 대상 없던 우울과 초조,
울분이며 분노 등속 햇살 만난 눈처럼 사라지겠지
초원의 파수꾼, 떠돌이 협객, 외로운 사냥꾼
내 생전 언젠가는 찾아갈 거야
한 마리 변방의 야생을 살며 폭설 내린 어느 날
비축해둔 식량마저 떨어지면 파오 우리 덮치다가
불 뿜는 총구 앞에서
한 점 비명, 회한도 없이 장렬하게 전사할 거야

갈퀴

흙도 가려울 때가 있다 씨앗이 썩어 싹이 되어 솟고
여린 뿌리 칭얼대며 품속 파고들 때
흙은 못 견디게 가려워 실성한 듯 실실 웃으며
떡고물 같은 먼지 피워 올리는 것이다
그럴 때 눈 밝은 농부라면 그걸 금세 알아차리고
헛청에서 한가하게 낮잠이나 퍼질러 자는
갈퀴 깨워 흙의 등이고 겨드랑이고 아랫도리고 장딴지고
가리지 않고 슬슬 제 살 긁듯 긁어주고 있을 것이다
또 그걸 내리사랑으로 알고 으쓱으쓱 우쭐우쭐 맨머리 싹들은
갓 입학한 유아들처럼 소란스럽게 재잘대며 자랄 것이다
가려울 때를 알아 긁어주는 마음처럼 애틋하고 고운 사랑
어디 있을까 갈퀴를 만나 진저리치는 저 살들의 환희
모든 살아있는 것들은 사는 동안 가려워서 갈퀴를 부른다

국수

늦은 점심으로 밀국수를 삶는다

펄펄 끓는 물속에서
소면은 일직선의 각진 표정을 풀고
척척 늘어져 낭창낭창 살가운 것이
신혼 적 아내의 살결 같구나

한결 부드럽고 연해진 몸에
동그랗게 몸 포개고 있는
결연의 저, 하얀 순결들!

엉키지 않도록 휘휘 젓는다
면발 담긴 멸치국물에 갖은 양념을 넣고
코밑 거뭇해진 아들과 겸상을 한다

친정 간 아내 지금쯤 화가 어지간히는 풀렸으리라

좋겠다, 마량에 가면

몰래 숨겨놓은 여인 데불고
소문조차 아득한 먼 포구에 가서
한 석 달 소꿉장난 같은 살림이나 살다 왔으면,
한나절만 돌아도 동네 안팎
구구절절 훤한, 누이의 손거울 같은 마을
마량에 와서 빈둥빈둥 세월의 봉놋방에나 누워
발가락장단에 철지난 유행가나 부르며
사투리 쓰는, 갯벌 같은 여자와
옆구리에 간지럼이나 실컷 태우다 왔으면,
사람들의 눈총이야 내 알 바 아니고
조석으로 부두에 나가
낚싯대는 시늉으로나 던져두고
옥빛 바닷물에 텃밭 떠난 배추 같은 생 절이고
절이다가 그 짓도 그만 부질없어 신물이 나면
통통배 하나 얻어 타고 먼 바다 휭, 하니 돌다 왔으면,
그렇게 감쪽같이 비밀 주머니 하나를 꿰차고 와서
시치미 뚝 떼고 앉아 남은 뜻도 모르는
천치 웃음 실실 흘리며 알량한 여생 거덜 냈으면,

묵 이야기

바깥에서 시끄러운 하루 보내고
돌아와 저녁 식탁
가난한 소찬들 둘러보다가
사발에 담긴 묵을 본다

이 씁쓸한 맛의 물컹하고 연한
고동의 색은 어디서 왔는가
비바람과 벌레 견뎌 이겨
차돌처럼 단단해진 동글납작한
남도의 얼굴들

본적지인 가지를 떠난 후
자존의 생 한순간 고열로 뭉개지고 녹아
흐물흐물 쓰고 떫은맛 내려놓고
한 덩어리 담백한 살(肉) 될 때까지
누구의 귀에도 가 닿지 못했을
소리 없는 절규와 비명 떠올려본다

존재의 하강
침묵은 금이 아니라 굴욕이다

젓가락 숟가락 앞에서 속수무책인 것
어찌 저녁 식탁의 묵뿐이겠는가

3 회
(2007)

이 승 훈

사물 A • 암호 • 다시 흙으로
당신의 방 • 오토바이 • 너
서울에 오는 눈 • 물고기 주둥이 • 비누
잡채밥 • 이것은 시가 아니다
철학 • 자업자득
시가 이젠 제 정신이 아니다 • 추운 산

수상소감 | 이승훈
심사평 | 김삿갓문학상 심사위원회

제 3 회 김삿갓문학상 수상자 이승훈(오른쪽)

이승훈

1942년 강원도 춘천 출생. 아호 이강(怡江). 한양대 국어국문학과 및 연세대 대학원 졸업. 문학박사. 1963년 〈현대문학〉으로 등단. 시집에 《사물 A》, 《당신의 방》, 《비누》, 《이것은 시가 아니다》 등, 시론집에 《시론》, 《모더니즘 시론》, 《포스트모더니즘 시론》, 《한국모더니즘시사》, 《한국현대시론사》, 《라캉 거꾸로 읽기》 등 저서 62권 펴냄. 현대문학상, 한국시협상, 시와 시학상, 이상시문학상, 심연수문학상, 백남학술상 등 수상. 현재 한양대 명예교수.

사물 A

사나이의 팔이 달아나고 한 마리 흰 닭이 구 구 구 잃어버린 목을 좇아 달린다. 오 나를 부르는 깊은 명령의 겨울 지하실에선 더욱 진지하기 위하여 등불을 켜놓고 우린 생각의 따스한 닭들을 키운다. 닭들을 키운다. 새벽마다 쓰라리게 정신의 땅을 판다. 완강한 시간의 사슬이 끊어진 새벽 문지방에서 소리들은 피를 흘린다. 그리고 그것은 하아얀 액체로 변하더니 이윽고 목이 없는 한 마리 흰 닭이 되어 저렇게 많은 아침 햇빛 속을 뒤우뚱거리며 뛰기 시작한다.

암호

환상이라는 이름의 역은 동해안에 있습니다. 눈 내리는 겨울 바다 거기 하나의 암호처럼 서 있습니다. 아무도 가본 사람은 없습니다. 당신이 거기 닿을 때 그 역은 총에 맞아 경련합니다. 경련 오오 존재. 커다란 하나의 돌이 파묻힐 때 물들은 몸부림칩니다. 물들의 연소 속에서 당신도 당신의 몸부림을 봅니다. 존재는 끝끝내 몸부림 속에 있습니다. 아무도 가본 사람은 없습니다. 푸른 파편처럼 바람 부는 밤에 환상이라는 이름의 역이 보입니다.

다시 흙으로

입술은 바람이 되고
눈망울은 천둥이 되고
심장은 돌이 된다

괴롭던 일 기쁘던 일도
화만 나던 사랑도 후회도
이제는 님이 벗어야 할
한 줌의 흙
바다 혹은 하늘

당신의 방

당신의 방엔
천개의 의자와
천개의 들판과
천개의 벼락과 기쁨과
천개의 태양이 있습니다
당신의 방엘 가려면
바람을 타고
가야 합니다
나는 죽을 때까지
아마 당신의 방엔
갈 수 없을 것 같습니다
나는 바람을 타고
날아가는 새는
될 수 없기 때문입니다

오토바이

난 해질 무렵 몽상가 소부르주아 시인
세상엔 관심이 없다 내가 관심을 두는 건
의자, 작은 방, 개미, 염소

피와 이슬로 된 술 난 현실 따윈 모른다
알려고 하지도 않지만 난 현실을 모르는
국문과 교수 허리띠를 헐렁하게 매고
거울을 연구하는 교수

그러나 그러나 그러나 감기엔 맥을 못 춥니다
30년 전부터 어디론가
떠나고 싶었지만

너

캄캄한 밤엔 아무것도 보이지 않는다 그러나 너를 만났을 때도 캄캄했다 캄캄한 밤에 너를 만났고 캄캄한 밤에 허공에 글을 쓰며 살았다 오늘도 캄캄한 대낮 마당에 글을 쓰며 산다 아마 돌들이 읽으리라

서울에 오는 눈

서울에 오는 눈이 춘천에도 오고
춘천에 오는 눈 속엔 누가 있나
춘천에 오는 눈 속엔 춘천이 있
고 서울에 오는 눈 속엔 서울이
있네 서울에 오는 눈이 진주에도
오고 부산에도 오고 수원에도 오
네 오늘 하루 종일 내리는 눈발
속에 하루가 내리고 오늘 오는
눈은 어제 오던 눈 이 눈 속에
눈 속에 내가 있네 눈은 내리고
눈발 속에 내가 사라지네 눈발이
나를 덮네 간절함도 애절함도 눈
발에 파묻히는 불빛일 뿐

물고기 주둥이

아직도 정을 견딜 수 없고 어두운
어두운 마음 골짜기를 헤매는 내가
불쌍해서 술 한잔 마시오 왕십리
서초동 서소문에서 인생의 후반을
탕진하고

저 꽃 피는 소리 들으며 무슨 업이
많아 이런 시를 쓰오 미친 놈 소리
나 들으며 산 속에 들어가 도토리나
주워 먹으면 좋겠지만 보이지 않는
내가 이렇게 헤매오

비누

비누는 가늘게 내리는 가랑비 가랑비 내리던 아침 그대와 길을 떠났지 비누를 가방에 넣고 떠났던가? 오늘도 가랑비 온다 가늘게 내리는 가랑비 밤이면 하얀 눈발 어둠 속에 비누가 반짝인다 비누는 마루에 있고 거실에 있고 화장실 거울 앞에도 있지만 비누는 과연 어디 있는가? 비누는 씨앗도 아니고 열매도 아니다 아마 추운 밤 깊은 산 속에 앉아 있으리라

잡채밥

학교 연구실에서 20년 매일 잡채밥을 시켜 먹는다 지치지도 않으십니까? 빗물 묻은 우비를 걸치고 배달 온 청년이 묻는다 다른 건 잘 못 먹어요 청년이 나가면 연구실 낮은 탁자에 등을 구부리고 앉아 맛없는 잡채밥을 먹는다 학생들이 연구실에 앉아 잡채밥 먹는 걸 보면 실망할지 몰라 문을 잠그고 비가 오나 바람이 부나 오전 열한시 반 낡은 잠바 걸치고 앉아 고개 숙이고 잡채밥 먹는다 물론 다 먹지 못하고 남긴 그릇을 신문지에 싸서 연구실 문밖에 내놓는다

이것은 시가 아니다

한양대 교수로 직장을 옮긴 1980년대 초 밤이면 김일성이 자신의 집을 폭파하겠다고 전화를 하고 밤새도록 지붕 위엔 낯선 비행기가 떠 있다고 편지를 보낸 제자가 있었다 춘천교육대학을 중퇴하고 결혼에 실패한 그는 대학 시절 서울 집으로 간다며 철길을 계속 걸어간 적이 있지 어느 날은 그의 시집을 영국에서 출판하게 되었으니 선생님이 평론을 쓰셔야 한다는 편지도 보냈다

그 무렵엔 이런 일도 있었다 어느 날 연구실 문을 열고 웬 낯선 남자가 들어왔다 나이는 서른 살 정도 나를 보더니 대뜸 선생님이 불쌍해요 그가 한 말이다 잠바 차림에 무언가 들고 있었다 그는 전라도 광주에서 시를 공부하는 청년으로 선생님 생각이 나서 도시락을 싸 왔다며 손에 들고 있던 도시락을 풀었다 그때 조교들이 들어와 그는 조교들과 함께 나갔지 1980년대 초엔 왜 이런 일들이 많았는지 모르겠다 이런 생각을 하면 지금도 가슴이 아프다

철 학

올겨울엔 이런 일이 있었다 진눈깨비 치던 오전 난 택시를 타고 공항터미널로 가고 있었다 그날 제주에서 제주대 대학원 박사 논문 심사가 있었기 때문이다 나는 기사 옆에 앉고 그는 50대로 보이는 남자 공항터미널로 가면서 힐끗힐끗 곁눈으로 나를 보더니 조심스레 물었다 선생님은 무얼 하십니까? 난 검은 바바리를 걸치고 낡은 밤색 가방을 무릎에 놓고 있었다 글쎄 뭐 하는 사람 같아요? 그랬더니 기사 왈 철학하는 사람 같군요! 네? 철학이요? 왜 있잖아요? 풍수도 보고 예언도 하는 철학 말입니다 진눈깨비 치던 겨울 오전이었다

자업자득

하루 종일 비가 오다 그친 저녁 갑자기 해가 나면 모자 쓰고 나가 입을 벌리고 개인 하늘 쳐다본다. "미친 자식!" 지나가던 사람이 돌아보며 욕을 한다. "그러니까 내가 뭐랬어? 비가 그치고 해가 난다고 세상이 달라진 건 없어" 중얼대고 돌아온다.

시가 이젠 제정신이 아니다

이젠 책상도 잠자러 가고 나 혼자 방에 앉아 무얼 하지? 문을 열고 나가 현관 신발장에서 구두를 꺼낸다. 밑창이 너덜대는 구두다. “나를 먹어!” 구두 보고 말하지만 구두는 인간이 아니기 때문에 내 말을 알아듣지 못한다.

추운 산

추운 산도 더운 산도 오늘은 모두 추운 산 하얀 산 어제 내린 눈 그대로 있고 아파트 뒤 운동장 보고 운동장 너머 추운 산 본다. 마음이 추우면 모두가 춥다.

수상 소감

안에 사막을 간직한 사람들

난고 김병연 선생의 문학정신을 기리기 위해 제정된 김삿갓문학상을 받게 되어 기쁘고 감사합니다. 김삿갓은 출세가 보장된 이조 양반 가문이었지만 조부 문제로 폐족당하는 운명에 처하고 이 운명이 시를 낳고 방랑을 낳습니다. 그런 점에서 그는 시를 쓴 게 아니라 시를 살고 시 속에서 시와 함께 시를 위해 가족을 버리고 욕심을 버리고 마침내 자신도 버린 시인입니다.

그의 시가 보여주는 현실 풍자, 언어유희, 시적 파격은 당대 지식인 시인들의 한계를 비판하고 극복하는 새로운 언어 실험이고 그런 점에서 그는 당대의 전위, 모더니스트, 아웃사이더이고 이런 시적 특성은 이 시대에 시를 쓰는 저에게 많은 자극과 용기를 줍니다. 한편 그때나 지금이나 시 따로 놀고 인생 따로 노는 위선적인 시인들이 많은 터에 그는 시가 바로 인생이라는 것, 시인은 영원한 나그네, 떠돌이, 정신의 거지라는 것을 가르쳐 줍니다.

바람 많고 비 많은 세상 사는 게 부끄럽고 죄가 많아 삿갓으로 자신을 가리고 표류한 선생의 문학정신을 기리는 상을 받게 되어 기쁘기 그지없습니다. 안에 사막을 간직한 사람들이 시를 쓰고 예술의 길을 갑니다. 우리는 이 사막을 사랑해야 합니다. 심사위원 선생님들, 특히 이 지역 문화 발전을 위해 김삿갓문학상을 제정하신 영월군수님을 비롯해 이 지역 문인들, 전국에서 이번 시인대회에 참석해 주신 선배 후배 시인들에게 거듭 감사의 말씀을 드립니다. 감사합니다.

심사평

김삿갓문학상은 김삿갓 시의 정신에 부합되는 시를 찾아주기 위해 제정되었다. 그러나 김삿갓 정신을 하나로 집약하기 힘들고, 또 그 정신의 한 가닥을 한 시인에게서 찾았다 하더라도 연조나 경륜이 뒤따라 주지 못한 것이 문제였다. 응모된 시집이나 작품은 그런 점에서 심사위원들의 안목을 다 충족시켜 주지 못했다.

심사위원회에서 장시간 논의하면서 거론한 시인은 심사위원들이 추천한 중진 6명이었다. 그 중에서 시의 정신이나 방법에서 일관성을 유지해온 이승훈 시인을 수상자로 선정하였다. 수상자의 대상 시집은《이것은 시가 아니다》였다.

수상자는 자신의 시에 걸맞은 실천적 시론을 끊임없이 추적해온 시인으로 우리나라 모더니즘의 한 가능성으로 출발하여 일정한 세계와 틀을 만들어내었다. 비대상의 시에서 선(禪)에 이르는 확고한 행보를 보여준 것은 기존의 시에 안주하지 않았던 김삿갓의 파격, 내지 부정정신에 상통하는 것으로 볼 수 있었다.

특히 수상시집이 보여준 현실이면서 현실이지 않는 불이(不二)의 지향은 우리의 입가에 미소를 머금게 한다.

김삿갓의 풍자나 해학이 다른 모습으로 드러난 것 같은 인상을 주기 때문일 터이다.

김삿갓문학상 심사위원회

4 회
(2008)

오세영

자화상 • 모순(矛盾)의 흙
지상의 양식 • 그릇 • 원시(遠視)
바닷가에서 • 김치 • 열매 • 겨울 노래
라일락 그늘에 앉아 • 모석
봄은 전쟁처럼 • 설화(雪花) • 너를 찾는다
영월 동강(東江) • 청령포(淸泠浦)

수상소감 | 오세영
심사평 | 이승훈(김삿갓문학상 심사위원장)

제 4 회 김삿갓문학상 수상자 오세영

오 세 영

1942년 전남 영광 출생. 전남 장성, 전북 전주에서 성장. 서울대 문리대 졸업. 동 대학 문학박사. 〈현대문학〉 추천으로 등단. 시집으로 《시간의 뗏목》, 《봄은 전쟁처럼》, 《문 열어라 하늘아》, 《무명연시》, 《사랑의 저 쪽》, 《바람의 그림자》 등. 학술서로 《20세기 한국시 연구》, 《상상력과 논리》, 《우상의 눈물》, 《한국현대시 분석적 읽기》, 《문학과 그 이해》 등. 한국시인협회회장 역임. 미국 버클리대학 및 체코 찰스대학 방문교수. 미국 아이오와대학 국제창작프로그램 참여. 대한민국 은관문화훈장 수훈. 소월시문학상, 정지용문학상, 만해상 문학부문 대상, 시협상, 김삿갓문학상, 공초문학상, 녹원문학상, 편운문학상, 불교문학상 등 수상. 현재 서울대 명예교수.

자화상

전신이 검은 까마귀,
까마귀는 까치와 다르다.
마른 가지 끝에 높이 앉아
먼 설원을 굽어보는 저
형형한 눈,
고독한 이마 그리고 날카로운 부리.
얼어붙은 지상에는
그 어디에도 낟알 한 톨 보이지 않지만
그대 차라리 눈발을 뒤지다 굶어죽을지언정
결코 까치처럼
인가(人家)의 안마당을 넘보진 않는다.
검을 테면
철저하게 검어라. 단 한 개의 깃털도
남기지 말고……
겨울 되자 온 세상 수북이 눈은 내려
저마다 하얗게 하얗게 분장하지만
나는
빈가지 끝에 홀로 앉아
말없이

먼 지평선을 응시하는 한 마리
검은 까마귀가 되리라.

모순(矛盾)의 흙

흙이 되기 위하여
흙으로 빚어진 그릇
언제인가 접시는
깨진다.

생애의 영광을 잔치하는
순간에
바싹
깨지는 그릇,
인간은 한 번
죽는다.

물로 반죽되고 불에 그슬려서
비로소 살아 있는 흙,
누구나 인간은
한 번쯤 물에 젖고
불에 탄다.

하나의 접시가 되리라.
깨어져서 완성되는
저 절대의 파멸이 있다면,

흙이 되기 위하여
흙으로 빚어진
모순의 그릇.

지상의 양식

너희들의 비상은
추락을 위해 있는 것이다.
새여,
알에서 깨어나
막, 은빛 날개를 퍼덕일 때
너희는 하늘만이 진실이라 믿지만,
하늘만이 자유라고 믿지만
자유가 얼마나 큰 절망인가는
비상을 해 보지 않고서는 모른다.
진흙 밭에 뒹구는
낟알 몇 톨,
너희가 꿈꾸는 양식은
이 지상에만 있을 뿐이다.
새여,
모순의 새여.

그릇

깨진 그릇은
칼날이 된다.

절제와 균형의 중심에서
빗나간 힘,
부서진 원은 모를 세우고
이성의 차가운
눈을 뜨게 한다.

맹목(盲目)의 사랑을 노리는
사금파리여,
지금 나는 맨발이다.
베어지기를 기다리는
살이다.
상처 깊숙이서 성숙하는 혼(魂)

깨진 그릇은
칼날이 된다.
무엇이나 깨진 것은
칼이 된다.

원시(遠視)

멀리 있는 것은
아름답다.
무지개나 별이나 벼랑에 피는 꽃이나
멀리 있는 것은
손에 닿을 수 없는 까닭에
아름답다.
사랑하는 사람아,
이별을 서러워하지 마라,
내 나이의 이별이란
헤어지는 일이 아니라 단지
멀어지는 일일 뿐이다.
네가 보낸 마지막 편지를 읽기 위해선
이제
돋보기가 필요한 나이,
늙는다는 것은
사랑하는 사람을 멀리 보낸다는
것이다.
머얼리서 바라다볼 줄을
안다는 것이다.

바닷가에서

사는 길이 높고 가파르거든
바닷가
하얗게 부서지는 파도를 보아라.
아래로 아래로 흐르는 물이
하나 되어 가득히 차오르는 수평선,
스스로 자신을 낮추는 자가 얻는 평안이
거기 있다.

사는 길이 어둡고 막막하거든
바닷가
아득히 지는 일몰을 보아라.
어둠 속에서 어둠 속으로 고이는 빛이
마침내 밝히는 여명,
스스로 자신을 포기하는 자가 얻는 충족이
거기 있다.

사는 길이 슬프고 외롭거든
바닷가,
가물가물 멀리 떠 있는 섬을 보아라.
홀로 견디는 것은 순결한 것,
멀리 있는 것은 아름다운 것,
스스로 자신을 감내하는 자의 의지가
거기 있다.

김치

겉절이라는 말도 있지만
김치는
적당히 익혀야 제격이다.
흰 배추 속처럼
마음만 고와서는 안 된다.
매운 고춧가루와
짠 소금,
거기다가 젓갈까지 버물린
전라도 김치,
김치는
맵고 짠 세월 속에서
적당히 썩어야만
제 맛이 든다.
누이야,
올해의 김치 독은
별도로 하나 더 묻어 두어라.
흰 눈이 소록소록 쌓이고
별들이 내려와 창문을 두드리는 어느 겨울 밤,
사슴의 발자국을 좇아

전설처럼 그이가 북에서 눈길을 찾아오면
그때
새 독을 헐어도 좋지 않겠니?
평양냉면에
전라도 동치미를 곁들인다면
우리들의 가난한 식탁은 또 얼마나
풍성하겠니?

열 매

세상의 열매들은 왜 모두
둥글어야 하는가.
가시나무도 향기로운 그의 탱자만은 둥글다.

땅으로 땅으로 파고드는 뿌리는
날카롭지만,
하늘로 하늘로 뻗어가는 가지는
뾰족하지만
스스로 익어 떨어질 줄 아는 열매는
모가 나지 않는다.

덥석
한입에 물어 깨무는
탐스런 한 알의 능금
먹는 자의 이빨은 예리하지만
먹히는 능금은 부드럽다.

그대는 아는가,
모든 생성하는 존재는 둥글다는 것을
스스로 먹힐 줄 아는 열매는
모가 나지 않는다는 것을.

겨울 노래

산자락 덮고 잔들
산이겠느냐.
산그늘 지고 산들
산이겠느냐.
산이 산인들 또 어쩌겠느냐.
아침마다 우짖던 산까치도
간 데 없고
저녁마다 문살 긁던 다람쥐도
온 데 없다.
길 끝나 산에 들어섰기로
그들은 또 어디 갔단 말이냐.
어제는 온종일 진눈깨비 뿌리더니
오늘은 하루 종일 내리는 폭설(暴雪).
빈 하늘 빈 가지엔
홍시(紅柿) 하나 떰 뿐이데
어제는 온종일 난(蘭)을 치고
오늘은 하루 종일 물소릴 들었다.
산이 산인들 또
어쩌겠느냐.

라일락 그늘에 앉아

맑은 날,
네 편지를 들면
아프도록 눈이 부시고
흐린 날,
네 편지를 들면
서럽도록 눈이 어둡다.
아무래도 보이질 않는구나.
네가 보낸 편지의 마지막
한 줄,
무슨 말을 썼을까.

오늘은
햇빛이 푸르른 날,
라일락 그늘에 앉아
네 편지를 읽는다.
흐린 시야엔 바람이 불고
꽃잎은 분분히 흩날리는데
무슨 말을 썼을까.

날리는 꽃잎에 가려
끝내
읽지 못한 마지막 그
한 줄.

보석

그것을 불러 보석이라 이름한다.
햇빛에
눈부신 그 반짝거림,
강변 모래 언덕에
사금파리 하나 반쯤 묻혀 있다.
보석이란 가장 소중한 마음을 이르는 것이려니
우리 어린 날
네게 바친 이 순수한 영혼의 징표보다
더 아름답고 고귀한 것이 이 세상 또
어디에 있으랴.
깨진 것은 모두 보석이 된다.
한때 값진 도자기였을지라도,
한때 투박한 사발이었을지라도,
그것은 한낱
장에 갇힌 그릇일 뿐.
깨지는 것은
완전한 자유에 이른 까닭에
보석이 된다.
그 봄날의 풀꽃 반지도

그 강변의 모래성도
지금은 모두 강물에 씻겨갔지만
우리들의 강 언덕엔
눈부신 보석 하나
푸른 하늘을 지키고 있다.
영원처럼 ……

봄은 전쟁처럼

산천(山川)은 지뢰밭인가.
봄이 밟고 간 땅마다 온통
지뢰의 폭발로 수라장이다.
대지를 뚫고 솟아오른, 푸르고 붉은
꽃과 풀과 나무의 여린 새싹들.
전선엔 하얀 연기 피어오르고
아지랑이 손짓을 신호로
은폐 중인 다람쥐, 너구리, 고슴도치, 꽃뱀·······
일제히 참호를 뛰쳐나온다.
한 치의 땅, 한 뼘의 하늘을 점령하기 위한
격돌,
그 무참한 생존을 위하여

봄은 잠깐의 휴전을 파기하고 다시
전쟁의 포문을 연다.

설화(雪花)

꽃나무만 꽃을 피우지 않는다는 것은
겨울의 마른 나뭇가지에 핀 설화(雪花)를
보면 안다.
누구나 한 생애를 건너
뜨거운 피를 맑게 승화시키면
마침내 꽃이 되는 법,
욕심과
미움과
애련을 버려
한 발 재겨 디딜 수 없는
혹독한 겨울의 추위, 그 절정에
홀로 한 그루 메마른 나목(裸木)으로 서면
내 청춘의 비린 살은 꽃잎이 되고
굳은 뼈는 꽃술이 되고
탁한 피는 향기가 되어
새파란 하늘을 호올로 안느니
꽃나무만 꽃을 피우지 않는다는 것은
겨울의 마른 나뭇가지에 핀 설화를
보면 안다.

너를 찾는다

바람이라 이름한다.
이미 사라지고 없는 것들,
무엇이라 호명(呼名)해도 다시는 대답하지 않을 것들을 향해
이제 바람이라 불러본다.
바람이여,
내 귀를 멀게 했던 그 가녀린 음성,
격정의 회오리로 몰아쳐와 내 가슴을 울게 했던 그
젖은 목소리는 지금 어디 있는가.
때로는 산들바람에, 때로는 돌개바람에, 아니
때로는 거친 폭풍에 실려
아득히 지평선을 타고 넘던 너의 적막한 뒷모습 그리고
애잔한 범종(梵鐘)소리, 낙엽소리, 내 귀를 난타하던 피아노 건반
그 광상곡(狂想曲)의 긴 여운.
어느 먼 변경 척박한 들녘에 뿌리내려
민들레, 쑥부쟁이, 개망초 아니면 씀바귀꽃으로 피어났는가.
말해다오.

강물이라 이름한다.
이미 잊혀진 것들,
그래서 무엇이라 아예 호명조차 할 수 없는 것들을 향해
이제 강물이라 불러본다.
강물이여,
한때 내 눈을 멀게 했던 네 뜨거운 시선,
열망의 타오르는 불꽃으로 내 육신을 황홀하게 달구던 그 눈빛은
지금 어디에 있는가.
때로는 여울에, 때로는 급류에, 아니 때로는
도도히 밀려가는 홍수에 실려
아득히 수평선을 가물가물 넘어가던 너의
쓸쓸한 이마. 그리고
어디선가 꽃잎이 지는 소리, 파도소리, 철썩이는 잔물결의 여운.
어느 먼 외방의 썰렁한 갯벌에 떠밀려
뭍을 향해 언제나 귀를 쫑긋 열고 살아야만 하는가.
해파리, 민조개, 백합 아니
온종일 휘파람으로 울다 지친 소라

말해다오.
구름이라 이름한다.
이미 돌이킬 수 없는 것들,
무엇이라 호명해도 다시 이룰 수 없는 형상들을 향해 나는
이제 구름이라 불러본다.
구름이여,
한때 내 맑은 영혼의 하늘에 푸른 그늘을 드리우던
오색 빛 채운(彩雲)
그 빛나던 무지개는 지금 어디 있는가.
때로는 별빛에 실려, 달빛, 아니 어스름한 어느 저녁 답,
스러지는 한 조각 노을에 실려
아득히 먼 허공으로 희부옇게 사라지던 너의 그
두 빈 어깨 그리고
어디선가 내리치는 마른번개, 스산하게 흔들리는 나뭇잎 소리
잔기침 소리
어느 먼 이역의 하늘로 불려가
흩뿌리는 싸락눈, 진눈깨비 아니

동토(凍土)에 떨어져 나뒹구는 우박이 되었는가.
말해다오.
너를 찾는다. 바람이라는 이름으로
강물이라는, 구름이라는 이름으로
너를 부른다.
해 저무는 가을 저녁
찰랑대는 강가의 시든 풀밭에 홀로
망연히 앉아.

영월 동강(東江)

무릉(武陵)의 동쪽 흘러 동강이던가.
에덴의 동쪽 흘러 동강이던가.
실수로 신(神)이
하늘에서 떨어뜨린 무지개가 굽이쳐
반짝이는 강.
동강은
비 개인 맑은 오후에 더
아름답다.
밟으면 잦아질듯
멀리서 바라만 보아야 할
강.
에덴의 동쪽으로 흐르는 강.

청령포(淸泠浦)

고운님 가신 지 누백 년
차라리
목숨을 앗긴 단종(端宗)보다
목숨을 앗아간 세조(世祖)를 서러하노니 내 묻건대
그대 진정 한생이 과연
자랑스럽고 행복하던가.
행복은 권력이 아니라 사랑에서 오는 법,
설령
권력 속에서 행복을 보았다 하더라도
이 세상 인간이 만든 그 어떤 것도
영원한 것은 없는데
하물며
회한과 자책으로 살았을 그 한생이 어찌
행복할 수 있었던가.
아름다움은 죽어도 부활하나
권력은 한 번 죽어 소멸하는 것
나 오늘 고운 님 기렸을 청령포(淸泠浦) 관음송(觀音松)에 기대어
아직도 변치 않은 그 빼어난 절경에 감탄하나니

강은 옛 강이로되
물은 흘러 흘러 옛 물이 아니로다.

수상 소감

영월, 아름다운 시의 나라

존경하는 영월군수님, 영월군민님 그리고 제 시를 키워 주신 독자 제위와 심사위원 여러분 오늘 제게 '김삿갓'의 이름으로 문학상을 주신 것을 진심으로 자랑스럽게 생각하며 또 감사를 드립니다.

저는 등단 이후 40여 년간 시작에 몰두해 오면서 지금까지 몇 개의 문학상을 수상한 적이 있었습니다. 나름대로 영광스럽고 고귀한 상들이었습니다. 그리고 그러한 격려와 사랑 속에 저는 이나마 우리 문단의 한구석을 지켜올 수 있었습니다. 그럼에 불구하고 저는 오늘 받는 이 문학상만큼 그 의의가 큰 문학상도 찾기 힘들다고 생각합니다. 그러한 까닭에 오늘의 수상은 제게 감회가 크고 다시 한 번 시인으로서의 마음가짐을 성찰하는 계기를 마련해 주었습니다.

제가 처음 지면을 통해 '김삿갓문학상'(원래는 동강문학상이었던가요?) 이라는 상이 영월군에 의해서 운영되고 있다는 사실을 알았을 때 저는 잔잔한 감동을 받았습니다. 그것은 두 가지 이유 때문이었습니다. 하나는 지방에서 운영되면서도 전국을 대상으로 한다는 점이었고 다른 하나는 중앙정부가 아니라 지방자치 단체에서 운영하는 최초의 상이라는 점이었습니다. 그리고 문득 이렇게 생각했습니다. '아,

우리나라도 드디어 이제 문화적 선진국의 대열에 끼게 되는구나'라고요.

실제가 그렇습니다. 문화 선진국의 일차적 조건은 중앙과 지역, 도시와 시골 간에 어떤 격차 없이 문화예술이 평등하게 분배되고 또 향수되는 데 있습니다. 서구 선진국에서는 수도에서 살든 지방에서 살든 국민이 향유하는 문화예술의 질에 있어서 어떤 불평등도 존재하지 않습니다. 그러나 우리나라는 어떨까요. 아직까지 만족할 만한 상황이 되지 못한다는 것은 누구나 느끼고 있는 바와 같습니다. 그렇지만 최근 들어 사정이 많이 달라지기 시작했습니다. 국민의 의식 수준이 높아지고 또 문화예술에 대한 욕구가 증대되기 시작하면서 중앙과 지역 사이에 노정된 이 같은 격차를 해소하려는 노력이 점차 활발해졌기 때문이지요. 그것은 특히 문화의식이 깨어 있는 지자체의 경우가 더 그렇습니다.

그런 의미에서 저는 영월군과 같은 지자체는 매우 선도적인 위치에 있다고 생각합니다. 아니 영월군은 그 꼭짓점에 있을 것입니다. 실증적인 한 가지 예가 되겠습니다만 영월군이 처음 제정해서 시도한 이 같은 문학상이 이후 다른 지역에서도 하나하나 생기기 시작하더니 요즘은 거의 전국적으로 확산되고 있기 때문입니다. 물론 그것이 꼭 지방 문학상의 활성화 때문만은 아니겠으나 그 결과 우리 문단에서는 지금 중앙문단과 지역문단의 구분이 사라지고 있고, 많은 문인들이 수도권을 벗어나서 지방에 정착하려는 경향이 대두하고 있으며, 지역문인과 서울 문인들의 교류와 소통이 활성화되어 문학 발전, 특히 지역문학의 질적 향상에 알게 모르게 기여하고 있습니다. 그리고 그 같은 변화는—성경말씀을 빌리건대—시작은 미미할지 모르나 그 끝은 창대할 것입니다. 따라서 그같이 의미 있는 일에 저를 참여시켜 그 일꾼으로 삼아 주신 영월군민 여러분께 저는 진정 감사를 드립니다.

다 아는 바와 같이 영월은 아름다운 지역입니다. 많은 문화유산과 역사유적들을 지닌 고장이기도 합니다. 나는 영월을 사랑하는 사람들 중의 하나입니다. 과거에도 수차례 영월을 방문한 적이 있고 또 영월을 소재로 해서 시들을 쓰기도 했습니다. 그럴 때마다 나는 문득 영월이야말로 우리 서정성의 고향이 아닌가 하는 생각을 가져 보았습니다.

나는 영월의 청령포를 사랑합니다. 그리고 관음송 나무 그늘에 누워 가지 사이로 문득 문득 비치는 푸른 하늘을 바라다보면서 말없이 흘러가는 서강의 맑은 물소리와 송림에 어리는 서늘한 바람소리를 듣는 것을 좋아합니다. 그리고 청령포 외진 곳에서 홀로 한 생애를 보내다 가신 어린 단종의 고독한 심정을 헤아려 봅니다. 그리고 시인 역시 그와 같은 존재가 아닐까 생각해 봅니다. 누구나 시인은 고독 속에서 자신을 성찰하지 않고서는 시를 쓸 수 없기 때문입니다. 누구나 시인은 권력과 맞서지 않고서는 참다운 시를 쓸 수 없기 때문입니다. 누구나 시인은 사랑하는 사람을 멀리 두고 그리워하지 않으면 시를 쓸 수 없기 때문입니다.

나는 별마로 천문대를 사랑합니다. 밝은 낮에는 산정에 올라 그 아래 옹기종기 보이는 산들의 능선과 덧없이 흐르는 강물들을 바라보기를 좋아합니다. 밤에는 망원경 너머로 보이는 깜깜한 우주 속의 그 수많은 별들을 막막하게 바라보기를 좋아합니다. 그리고 시인 역시 이 같은 삶을 누리는 존재가 아닌가 생각합니다. 누구나 영원에 대한 관념 없이 시를 쓸 수 없기 때문입니다. 누구나 허무에 절망해 보지 않고서는 시를 쓸 수 없기 때문입니다. 누구나 일상 너머에 있는 꿈을 동경하지 않고서는 시를 쓸 수 없기 때문입니다.

하늘이 떨어뜨린 무지개 하나가 흘러서 된 동강, 나는 그 동강을 사랑합니다. 신선한 아침 아련한 물안개 속에서 노래하는 그 물소리를 듣는 것을 좋아합니다. 그 벼랑에 핀 진달래꽃과 그 꽃잎들 사이로 은가루처럼 반짝이며 흩날리는 정오의 햇살을 좋아합니다. 해질녘 그 강둑을 따라 잔디밭을 거닐며 파아란 물속에 어리는 연분홍빛 노을을 바라다보는 것을 좋아합니다. 누구나 시인은 아름다움에 대한 감성 없이 시를 쓸 수 없기 때문입니다. 누구나 시인은 순수에 대한 감성 없이 시를 쓸 수 없기 때문입니다. 누구나 시인은 이 세상에 대한, 삶에 대한 감동 없이 시를 쓸 수 없기 때문입니다.

아아 나는 또 김립, 한 시대의 이단아 김삿갓을 사랑합니다. 그의 고단한 한 삶이 누워있는 유택의 조용한 문턱에 앉아 말없이 이 세상을 돌아다보는 것을 좋아합니다. 그 뜰에 서 있는 외로운 소나무에 기대어 자기들만의 언어로 쫑알거리는 산새들의 속삭임을 듣는 것을 좋아합니다. 일찍이 석가세존께서 가르치신 것처럼 누구나 시인은 자아에 대한 모든 집착과 소유를 버리지 않고서는 시를 쓸 수 없기 때문입니다. 누구나 시인은 현실을 직시하지 않고서는 시를 쓸 수 없기 때문입니다. 누구나 시인은 외롭고 슬픈 자와 함께 나누는 삶을 살지 않고서는 시를 쓸 수 없기 때문입니다.

나는 이렇듯 영월을 사랑하듯이 또한 내 시를 사랑합니다. 그런 까닭에 힘이 닿는 데까지 나는 영월의 이 같은 가르침을 실천하고 또 지키고자 합니다. 제게 주신 이 상도 아마 그 같은 격려의 채찍일 것입니다.

다시 한 번 영월군민과 문화예술을 사랑하시는 모든 군민들께 감사를 드립니다.

심사평

짚신 신고 대지팡이 짚고 천리 길을 물처럼 구름처럼 방랑하며 사방이 집이라고 노래하는 난고 김병연 선생의 문학정신을 기리는 문학상 제 4 회 수상자로 오세영 시인을 선정한다. 오세영은 1968년 〈현대문학〉으로 등단해 초기의 모더니즘, 중기의 불교와 노장사상, 후기의 문명비판을 지향하는 순수시의 세계를 노래한 한국 전통 서정시의 대가이다.

이번 수상작이 된 시집 《임을 부르는 물소리 그 물소리》는 국토를 순례하며 조국의 자연을 찬미한 기행시로 김삿갓문학상의 심사기준인 현장성에 부합하고 세속적 욕망과 도시문명을 비판한다는 점에서 김삿갓 문학정신을 현대적으로 수용하고 이런 특성이 또한 김삿갓 문학과의 연결성을 보여준다.

김삿갓의 실험정신이 미약하다는 지적이 있었지만 이 시집은 김삿갓이 보여준 방랑과 유랑과 순례의식의 일부를 발전시킨 기행시집으로 우리 현대시사에 새로운 기념비가 될 것이다. 이에 심사위원 전원의 만장일치로 오세영을 제 4 회 김삿갓문학상 수상자로 선정한다.

이승훈(김삿갓문학상 심사위원장)

5회
(2009)

문효치

손에 관한 명상 · 1 • 공산성의 들꽃
계백의 칼 • 무령왕의 청동식이(靑銅飾履)
무령왕비의 어금니 • 閃光의 쇠여
나방 • 매미 • 지리산 시 · 피아골 • 續 · 動動
시골집 뒤안에 서 있는 감나무
비천(飛天) • 피리 • 희한한 물의 나라
사랑이여 어디든 가서

수상소감 | 문효치
심사평 | 조병무(김삿갓문학상 심사위원장)

문 효 치

1943년 전북 군산 출생. 동국대 국어국문학과 졸업. 고려대 교육대학원 졸업. 1966년 〈한국일보〉와 〈서울신문〉 신춘문예에 각각 시 〈산색〉과 〈바람 앞에서〉가 동시에 당선됨. 시집으로는 《무령왕의 나무새》, 《백제의 달은 강물에 내려 출렁거리고》, 《남내리 엽서》, 《백제시집》, 《계백의 칼》, 《왕인의 수염》 등이 있고, 산문집으로는 《시가 있는 길》 등이 있음. 천상병 시문학상, 동국문학상 등 수상. 현재 주성대 겸임교수.

손에 관한 명상 · 1

손을 빛나게 하는군요.
어둠 속에서 가만히 눈을 감았다.

생각 속으로 스며드는 동백꽃
황금잔같이 환한 꽃 속에
작은 집 한 채 들어 있었다.

술같이 닳아서 맑은
향불 하나 들어와 사는 집.

대문에 그리움 한 두름 걸어놓고
손사래로 세월에 일렁이는 물살 지으며

정말 빛나는 손으로
묵은 어둠 물리치고 있었다.

공산성의 들꽃

이름을 붙이지 말아다오
거추장스런 이름에 갇히기보다는
그냥 이렇게
맑은 바람 속에 잠시 머물다가
아무도 모르게 사라지는 즐거움

두꺼운 이름에 눌려
정말 내 모습이 일그러지기보다는
하늘의 한 모서리를
쪼금 차지하고 서 있다가
흙으로 바스라져

내가 섰던 그 자리
다시 하늘이 채워지면
거기 한 모금의 향기로 날아다닐 테니
이름을 붙이지 말아다오
한 송이 '자유'로 서 있고 싶을 뿐.

계백의 칼

그가 벤 것은
적의 목이 아니다

햇빛 속에도 피가 있어
해 속의 피를 잘라내어
하늘과 땅 사이
황산벌 위에 물들이고

스러져가는
하루의 목숨을
꽃수 놓듯 그려 놓았으니

일몰하였으되
그 하늘 언제나
꽃수의 꽃물로 가득하여 밝은데
이를 어찌 칼이라 하랴.

무령왕의 청동 식이(靑銅 飾履)

하늘이 주신 목숨을 다 살으시고, 하나도 빼지 않고 구석구석 다 살으시고, 곱슬거리는 백발을 날리며, 달이라도 누렇게 솟고 퍼런 바람도 불고 하는 참 재미도 많은 날, 이윽고 옷 갈아입으시고 왕후며 신하를 다 놓아두고, 혼자 길을 떨치고 나서서, 꾸불꾸불한 막대기 하나 골라 짚고, 아, 참말, 미끄러운 저승길로 가실 때 이 신을 신으시다.

돌밭, 가시밭, 진흙 뻘길을 허리춤 부여잡고 달음질도 하고 수염 쓰다듬으며 점잖게 걷기도 하여 임금님을 저승까지 곱게 모신 후, 이제 또다시 여기에 돌아와 쇠못이 박힌 불꽃무늬의 신이여, 누구를 다시 모셔가려 함이냐. 하늘이 정한 목숨을 구석구석 다 살으시고, 그리고 웃으며 떠날 그 누구를 모셔가려 함이냐.

무령왕비의 어금니

그녀의 육신은 퍼얼써
먼지가 되어 호올홀 날아가 버리고
어쩌면
사자수 맑은 물에 두둥실 흘러가 버리고
어쩌면
한 덩이의 푸르른 색깔이 되어 저 하늘 한 구석으로 올라가 버리고.
하여튼
그녀의 육신은 퍼얼써
없어져 버리고
그리고, 어금니 하나가 남아
세월을 씹고 있다
한없이 자라는 세월의
끝을 씹고 있다
세월이 자라지 못하게
그리하여
언제나 그녀의 그 시대에 어금니는
무령왕을 모시듯 남아 있다.

閃光의 쇠여

칼이여, 쇠여, 네가 아직은 나를 죽이지는 못하였구나. 검은 기름에 젖어 닳아지는 불, 닳아지는 손. 소나기처럼, 태풍처럼 까끌까끌한 騷音을 몰아 쳐들어오는 번쩍거리는 쇠여. 뱃속에 가득 찬 소화불량의 찌꺼기. 유혹의 혓바닥을 거느리고 날카로운 凶器의 날을 갈아내는, 그리하여 칙칙한 대숲의 사이사이로 스며드는 바람의 陰凶한 手足처럼 넘쳐 오면서 오, 그러나 살의, 살 속에 사는 인간의 잔뿌리, 뿌리에 서려 있는 질긴 생명을 아직은 무찌르지 못하였구나 閃光의 쇠여.

나방

내가 빚어지고 있다. 이렇게 몸을 웅츠리고 아무도 몰래몰래 고치 속에 깊은 굴을 파고 숨어드는 것은 다시 빚어지기 위함이다. 어둠 속에 깊이깊이 침몰되어 가다가 어느 날 어깻죽지에서 돋아나는 날개를 저어 승천하면 땅만 향해 기어다니는 징그러움으로부터 벗어난다. 나를 다시 빚기 위해 몸을 헌다. 몸을 헐어 굴을 만든다. 이 굴의 완벽한 구속. 숨 막히는 구속 속에서 몸을 헐다가 그 아픔에 못 견뎌 한동안 까무러치고 그리고, 이 까무러침으로부터 깨어날 때 나의 화사한 변신은 온다.

매미

매미 소리는 아름답다 울창한 숲 속의 신선한 매미 울음이 겨울을 가린다. 貪血의 내 귀, 귀는 영화롭다. 耳鳴은 왜 매미 소리와 흡사한가. 죽음이 오는 소리는 매미 소리와도 같이 아름답다. 죽음은 아무 데서나 매미처럼 날아온다. 아침에 눈을 뜨면 전신을 중압으로 누르는 無氣力, 무기력은 편안하다. 언제부터인가 내 골통 속에 날아든 천국의 매미, 죽음의 발자국 소리는 선량하다, 흥겹다.

지리산 시 · 피아골

총을 쏘아올린 사내는
한 보시기 연기가 되어
미궁으로 달려가 사라져 버렸다.

귀퉁이가 떨어져나간
섬진강 젖은 달은
안간힘으로 겨우 솟아올랐고

고로쇠나무 가지마다
생채기 난 뻐꾸기 울음이 걸려 있었다.

계곡 물 굽이굽이
아스라한 아픔 담가 끓이고 있었다.

멋모르고 태어난 원추리
어정쩡하게 서 있는 곳
산의 얼룩이 같이 서서 으르렁거렸다.

밤새워 솔잎 끝에서 자라고 있던 햇빛들
산의 얼룩 위에 내려앉고 있었다.

續 · 動動

세월이 가면서 그대로부터 멀어져 가고 있구나
그대의 향기로운 이름을 물으면서
기대었던 소나무
그때도 솔방울은 툭툭 떨어졌지만

바람이 불면서
그대로부터 잊혀져가고 있구나
그대와 눈 맞추며
기대었던 상수리나무
그때도 상수리는 무시로 떨어졌지만

그대로부터 사라져가고 있구나
떨어지는 솔방울, 상수리 하나도
오늘은 이리도 땅을 울리는가, 가슴을 치는가

갈잎 되어 쓰러지는 풀잎 하나
물길에 잠겨 구르는 돌멩이 하나가
오늘은 이리도 애처로운 몸빛으로 뜨이는가
눈에 찔리는가

이제는 그대의 등 뒤를 서성거리는
아지랭이 같은 후광으로도 남을 수 없어

허공의 푸르름 속으로
밀려서 밀려서 떠다닐 뿐
그대의 그리움 밖으로
아주아주 까마득한 기억 밖으로
밀려서 밀려서 떠다닐 뿐

떠다니다가
저 혼자 닳아질 뿐

날마다 기다림과 열정으로
곱게 씻어 간직해 온 목숨,

세월의 바람 속에서
머리카락 흩날리며
그대도 함께 떠나가고 있구나
아으, 아으 동동다리.

시골집 뒤안에 서 있는 감나무

가서 보셔요
감잎이 펴요
한 뼘씩 자라는 감잎마다
소년의 꿈도 한 뼘씩 자라 열려요

앞산이 깨어나 기지개를 켜면
멧새들 놀란 눈을 하면서
황금의 해 조각을 부리에 물고와
감나무 가지마다 찍어 발라요

장독대위로 휘어져 내린 가지에
칭칭 감기던 아침 바람은
달만 한 홍시가 되어
찰랑찰랑한 하늘 위에
얹혀 날고 있어요

전쟁 후,
살아남은 어른은 지쳐 있었고
살아남은 아이는 배고프고 목말랐지만
뿌리에서 자아올리는 물소리를
잎사귀 끝끝에 추켜올려
연해 공중에 털어 내려요

담뱃대를 물고
뙤창문을 여시던 할아버지
언제나 동구밖을 내다보셨지만
전쟁나간 큰 아들은 끝내 보지 못하고 가셨는데

가서 보셔요
울타리 너머로 넘쳐오는 고독을
가지를 벌려 막아서고는
큰 집을 지켜요, 소년을 키워요
삼십 년을 키워요.

비천(飛天)

어젯밤 내 꿈속에 들어오신
그 여인이 아니신가요.

안개가 장막처럼 드리워 있는
내 꿈의 문을 살며시 열고서
황새의 날개 밑에 고여 있는
따뜻한 바람 같은 고운 옷을 입고

비어있는 방 같은 내 꿈속에
스며들어 오신 그분이 아니신가요.

달빛 한 가닥 잘라 피리를 만들고
하늘 한 자락 도려 현금을 만들던

그리하여 금빛 선율로 가득 채우면서
돌아보고 웃고 또 보고 웃고 하던
여인이 아니신가요.

피리

나는 대나무여요.
외로운 악사(樂士)의 피리가 되기 위해
거센 바람에도 부러지지 않고
수많은 칼질에도 베이지 않았어요.

푸른 하늘을 머금고 키워 온 몸뚱이는
외로움의 낫을 가는 미지의 악사,
그의 낫날에나 잘리워질 거예요.

그이 꼿꼿한 송곳으로 내 몸엔 구멍이 뚫리고
그 구멍으로 새로운 세상이 내다보여요.

그이 낫질이 다듬는 대로 이 몸이 다시 빚어지면
어느덧 나는 한 자루의 피리가 되어요.

그의 두 손이 더듬어 보듬으면
온 몸은 파르르 떨리는 성감대.

사랑이여 어디든 가서

사랑이여
어디든 가서 닿기만 해라

허공에 태어나
수많은 촉수를 뻗어 휘젓는
사랑이여

어디든 가서 닿기만 해라
가서 불이 될
온몸을 태워서
찬란한 한 점의 섬광이 될
어디든 가서 닿기만 해라

빛깔이 없어 보이지 않고
모형이 없어 만져지지 않아
서럽게 떠도는 사랑이여

무엇으로든 태어나기 위하여
선명한 모형을 빚어
다시 태어나기 위하여

사랑이여
어디든 가서 닿기만 해라
가서 불이 되어라

조선시대의 시인 중에 난고 김병연 선생만큼 매력적인 시인도 드물다. 김병연 선생의 시세계는 그 폭이 매우 넓어 다양한 형태와 내용의 시들을 남김으로써 우리 문학을 일으켜 세운 분이다.

방랑과 낭만의 시, 비탄과 조롱의 시, 파격과 담대의 시 등등, 선생의 시만큼 활달하고 거침없으며 기개가 넘치는 시를 만나기란 쉽지 않다. 이것은 선생의 삶이 그랬고 선생의 상상력의 창조적 힘이 그랬기 때문이다.

한마디로 말하면 난고 김병연 선생은 세상을 거스르며 산 분이다. 세상을 거슬렀다 함은 달리 말하면 세상을 거꾸로 보았다는 말일 것이다. 세상 거꾸로 보기야말로 가장 창조적인 정신활동일 것이다.

일상인의 눈으로 보는 세상은 단 하나로 고정되어 있는 세상이다. 누구나 그렇게 보는 세상, 누구나 그렇게 느끼는 세상은 지루하고 신물 나는 세상이다. 어디 뭐 좀 다른 세상, 새로운 세상을 우리는 필요로 한다. 세상을 역으로 뒤집어 보는 일이야말로 새로운 세상을 만날 수 있는 일이 된다.

세상의 모든 사물은 이렇게 뒤집어 보고 거꾸로 볼 때 새로운 가치를 발견할 수 있다. 그 속에 무궁무진 내장되어 있는 의미들, 그러나 일상인의 눈으로는 발견해낼 수 없는 의미들을 시인은 꿰뚫어 보고 찾아내는 것이다. 이것은 탁월한 관찰력으로 찾아내는 세계요 새로운 인식 안으로 빚어내는 세계다.

그런 의미에서 난고 김병연 선생은 아직 그 연구나 평가가 덜 이루어진 분이다. 앞으로 많은 연구가들에 의해서 선생의 문학적 업적이 충분히 조명될 날을 기대한다.

난고 김병연 선생의 문학정신을 기리고 선생의 문학 인생을 현창하는 일은 우리 문학을 위해 매우 필요한 일이다. 우리 문학에 소중한 자양분을 대는 일이기 때문이다. 김삿갓문학상은 그러한 현창사업의 일환이라고 생각한다. 이러한 사업을 지속적으로 시행하는 영월군청과 군민들에게 깊은 감사와 치하의 말씀을 드리고 싶다.

그동안의 수상자들은 오늘의 한국문학을 대표할 만한 걸출한 시인들이었다. 따라서 수많은 이 나라의 문학상 중에서도 김삿갓문학상은 권위 있는 문학상으로 자리 잡았다. 이러한 큰 상을 수상하게 되어 기쁘기 그지없다. 어쭙잖게 문학에 발 들여 놓은 지 근 50년이 흘렀다. 힘들고 어려운 일도 많았다. 그러나 이번 수상소식을 접하고 그간의 피로가 많이 풀린다. 새로운 힘으로 시를 쓰겠다는 결의도 생긴다. 그러나 한편, 보다 더 훌륭한 시인이 많은데 그분들에게는 미안하고 송구할 뿐이다.

심사평

김삿갓문학상을 심사하면서 반드시 이 상이 김삿갓의 정신을 어떻게 받아들이느냐에 대한 해답을 제시한다고 하기는 어려웠다. 다만 김삿갓 시의 정신적 요체는 시에 대한 강한 집념의 모체에 대한 집착이라고 생각한다. 김삿갓이 읊은 시를 모작하라는 것은 아니다. 이러한 의미에서 김삿갓 정신의 진정한 계승은 새로운 시정신을 추구해야 함은 물론이다.

심사위원들이 응모된 작품에 대한 토론을 거치면서 이 상에 대한 정신적 모체를 찾아야 한다는 데 의견이 모아졌다. 여러 가지 견해에 대한 넓은 심사위원들의 의견 속에 응모된 작품들 중에서 수준에 도달한 작품이 있다 하여도 김삿갓상에 부합하는 연조와 경륜도 고려의 대상이 된다는 의견에 따라 심사위원들이 추천한 중진들 중에서 수상자를 뽑았다.

수상작은 문효치 시인의 〈계백의 칼〉로 자학과 극기로써 자신과 백제를 승화시킨 점, 일상의 범상한 것을 초현실적인 것으로 변환시킨 기법, '백제시'편에서 보인 깊은 백제사랑을 일상화시킨 점, 자연(풀, 꽃)의 자유로운 정신과 인간의 조화, 그리고 영원성과 윤회에 대한 천착과 해석, 역사의 흐름에 이르기까지 긴 진폭은 오늘의 강도 높은 시정신을 보여주고 있다. 백제의 역사적인 기행은 김삿갓의 정신적 모체에서 전이된 것이라고 할 수 있다.

조병무(김삿갓문학상 심사위원장)